此書送給

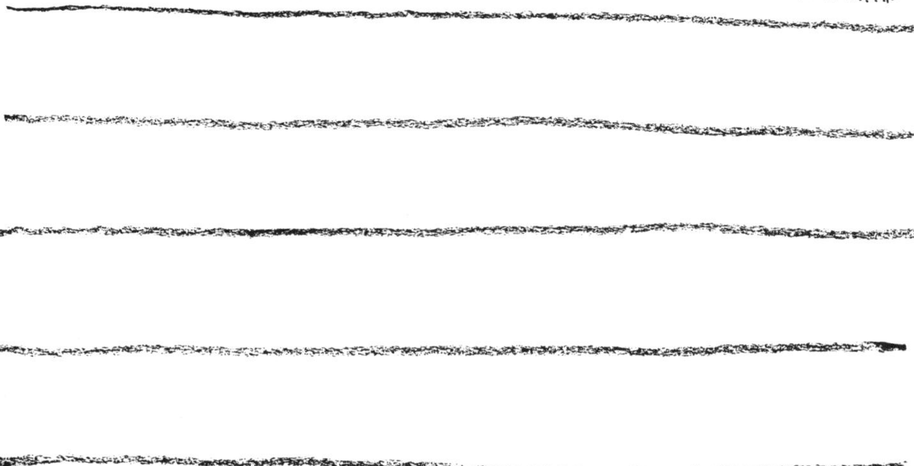

U0932135

親子書系

成長智多 FUN

作者
羅乃萱

主編
小麥子

責任編輯
張小鳴

插圖
鄧美心

出版／發行
基道出版社
香港沙田火炭坳背灣街 26 號
富騰工業中心 1011 室

Logos Publishers
Unit 1011 Fo Tan Ind. Centre, 26 Au Pui Wan St., Fo Tan,
Shatin, Hong Kong
電話:2687-0331　傳真:2687-0281
網址：http://www.logos.com.hk

承印
陽光印刷製本廠

版次
11/96 初版　5/97 二版　1/03 三版

Cat. No. LP 801-3
ISBN 962-457-114-7

羅乃萱著

出版緣起——同舟共濟

基道出版社親子兒童書系，其中一個最重要的構想，就是如何在忙碌而關係緊張或日趨疏離淡泊的親子關係裏喚起一點生機。

自《童畫祕笈》推出以來，感謝各方好友和同道的支持和鼓勵，我們確實感到同舟共濟的甘美。因此在策劃《成長智多 FUN 》這書時，嘗試接觸更多親子兒童工作者和父母，其中得到一種共同的呼喚——在兒童成長過程中，親子溝通的藝術，實在是一門知易行難的課題。許多代溝問題、兒童情緒、親子關係惡劣、決裂，大都由缺乏溝通或不合適的溝通所致。

正當我反覆思量，怎樣把此抽象課題，落實到一本書去，成為日常親子生活應用的媒介時，一日跟外子散步，他忽然提出：不如出一本小學生面對各種日常生活問題的書吧。

是啊！我朝這方向想去——父母師長如果以更開明輕鬆的心情，容讓孩子自由運用思考想像去回應每一種生活的處境，讓他們主動學習成長，總比依照我們從上一代學回來的庭訓、強制、權威式教育更有效吧！

大人同意了，接著便徵詢小孩的意見。分別問過一些小學生（包括小兒），他們都表示很喜歡一本可以表達日常生活問題的書。

跟著下來，尋找作者！作者不一定是專家，每日可以接觸孩子的時間也不多，像今天許多現代父母一樣，如果他／她以身作則，能夠在工餘時間，運用機智聰明，寓教育於嬉戲……還有，最重要是，好像《童畫祕笈》作者張雅燕女士在其書中所言，「以愛＋關懷＋廣闊胸襟＋細密心思＋行動」去築一條親子溝通橋……

這樣的作者往哪裏尋！碰壁數次後，一日閒談間跟乃萱提起，她告訴我她已經開始跟女兒每日玩這樣的遊戲。天！除了感恩和感謝乃萱以外，還有甚麼要説呢！

是了，我們還要感謝「親子關係促進會」主席蔡元雲醫生太太、香港電台《愛子方程式》監製梁蕙儀女士、 Creative Kids 創辦人徐羅國彥女士和畫室內幾位導師、喜蓮畫室黃喜蓮女士和她的學生、張雅燕女士、明愛婦女家庭服務中心主任鄭愛蓮女士、突破出版社出版總監吳思源先生，給予我們許多寶貴資料、意見和支持，還有個人、婚姻及家庭輔導學家盧劉膺華女士，特地為我們審閱每篇稿件。當然很重要的是鄧美心女士精心創作畫龍點睛的漫畫插圖，還有幾位為我們寫推介的朋友，確實讓我們見到同舟共濟的溫暖與力量，成為可以繼續努力下去的支持。

小麥子

一九九六年初夏

自序

小女自入學後，每日放學回家，我這個好奇媽媽便想挖空心思聽聽她的心事，但她說來說去，也只有開心與不開心兩句。至於為甚麼不開心，為甚麼開心，卻常說不出所以然。

身處價值崩潰與重整、難為正邪定分界的年代，作為一個母親，當然很想將某些信息價值教授給孩子，但又不想用庭訓式的「應該」、「不應該」；卻希望孩子可以自由發揮創意與思考力，不用擔心這樣想會否被老師、父母責罵；同時希望孩子成長為一個富愛心與責任感的人，但又不欲強制推行，而是要他／她自發自願。

於是工餘開始了與女兒每日五題的問答遊戲。由學校、生活習慣至想像力、親子溝通，愈玩愈過癮，連她的生日會也可以當作重點遊戲。

玩的方法很簡單，就是說明沒有賞罰對錯，孩子怎樣答都可以。家長可以透過孩子的選擇對他／她有更深刻的了解，進而與孩子溝通、傾談、誘導、鼓勵、讚賞，甚至認同與共鳴。

但有一件事想預先聲明，我不是兒童心理學家，也沒有甚麼兒童行為的理論基礎，但，我是一個母親的女兒、一個女兒的母親，處於兩代教養的夾縫中，使我靈感充沛，不愁沒有題材。

最後我是摯誠多謝寶琳與基道出版社，肯讓我這些傻主意面世，特別是寶琳，想起每次與她哈哈大笑地談著養兒育女的趣事，想起每次談到「興起」又扯到一些新的題材的可能，想起每次談兒童文字工作時自己那股蠢蠢欲試的衝動……唔，不敢再寫下去了。

羅乃萱

目錄

快樂家庭

小朋友最熟悉的環境就是學校與家庭，在這裏發生許多日常生活小事。

我們嘗試以輕鬆的心情、豐富的想像，談談，笑笑，想想，迎接生活上每一件小事……

做不完的功課

考反應 1+1=□

媽媽吩咐你在兩小時內把功課做完，你答應了，但卻不斷拖延，一會看電視，一會又到雪櫃找食物吃，結果做了足足三小時還沒完成。你會：

a. 將時鐘撥慢一個小時，讓媽媽以為你準時做完功課。

b. 告訴媽媽只此一次，下次不敢了。

c. 因怕自己答應過的事不能完成，以後不敢答應媽媽了。

d. 反正功課已做完，遲了有甚麼問題？

祕密留言

「有傾有講」沒煩惱，看看 49 頁。

齊嘩嘩

做功課　要專心　不看電視　不會分心

交功課　要準時　讀書有時　遊戲有時

給家長的便條

拖延是人之常性，小孩更不例外。他們通常的拖延政策是聊天，吃東西，看電視，這些本無大礙，但若每次做功課均是如此，就要有所管束了。諸如給他一些獎勵，如在兩個小時內做完功課有一個獎勵分，又或自己邊看書邊陪他做功課，與他共同投入學習。多些忍耐，添些愛心，讓孩子明白準時的重要；更何況，書讀完了，他便立刻可以投入遊戲。

媽媽，別罵我！

考反應

媽媽下班回家，一臉很不開心的樣子。你的功課做得不好，她動不動便大聲喝罵你，你會：

a. 變得很乖很聽話，怕再惹怒媽媽。

b. 大聲回答媽媽，讓她明白扯大嗓子講話真可怕。

c. 溫柔地問媽媽為甚麼不開心，不時親親她的臉，給她有意外驚喜。

d. 先不作聲，待媽媽心平氣和後，再親近她，與她聊天。

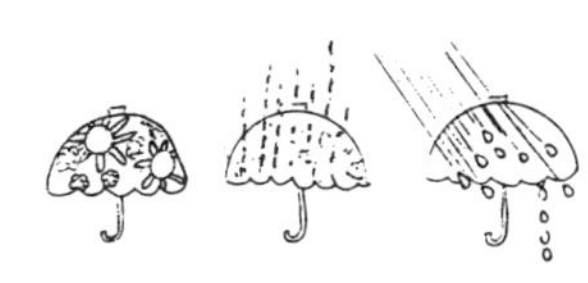

祕密留言

左右為難怎麼辦？翻開 49 頁。

齊嘩嘩

媽媽媽媽　是誰把你氣得叫呱呱
媽媽媽媽　讓我親你逗你開心笑哈哈

給家長的便條

慈母雖偉大，也有洩氣生氣的時候。特別是今日的雙職女性，壓力更大。專家常說，不要把工作壓力帶回家，但有時也會「不在意」地放進公事包，帶了返家的。淘氣的孩子，見媽媽不高興，可能會更頑皮來吸引她的注意，惟一能做的，是最生氣的時候，先到外邊走走才回家，然後也盡量不要大罵孩子；又或告訴孩子，媽媽也有生氣、不開心時候，請他別打擾你。最好是另一半暫代照顧，彼此合作，以免勞神傷心，一「嗌」不可收拾。

玩具給不給？

考反應

如果你的一位朋友，常到你家跟你玩，但每次見到你的新玩具，他都想拿走，還說如果你不送，就不是他的好朋友。你會：

a. 就讓他拿吧，
你不想失去一個好朋友。

b. 你說要先問過媽媽才可以。

c. 這是你心愛的玩具，
當然不能隨便給他。

d. 請他叫自己爸媽買給他，
但可以借他玩一會。

祕密留言

一人計短，二人計長，看看萱姨姨在 49 頁的留言。

齊嘩嘩

這是你的東西
你就有給與不給的權利
無論別人怎樣要求
我有權利不去遷就

給家長的便條

每個人都有自己應有的權利，孩子也不例外。自小讓他明白對自己擁有的東西應珍惜、善待，並持有，不要因朋友的掠取而委屈遷就。這也是個機會，讓孩子明白，友情不是一場交易；而別人的東西，是要經他人同意才可取去，任何威逼利誘的索取，都是不值得鼓勵的。

做還是不做？

考反應

有些事情，你不想做，但卻是爸爸媽媽很想你去做（或學）的，如彈琴、學英文，你會：

a. 向公公婆婆投訴，希望他們為你解圍。

b. 每次爸媽要你去做時，你都堅持說不。

c. 知道既然爸媽想我做，一定對我有益處的，嘗試一下吧。

d. 無所謂，最重要是做了之後有甚麼獎品。

祕密留言

「有傾有講」沒煩惱，看看 50 頁。

齊嘩嘩

先苦後甜
先勞而後穫
每一趟的付出
總有不同的收穫

給家長的便條

孩子的脾性，總希望要的立刻便有，對於要努力才有收成的真理，是要慢慢學習的。現代心理學者發現，自小鍛練孩子延遲滿足（delay of gratification），比訓練他成為一個更聰明伶俐的孩子，是更重要的，也更幫助他能適應成人新世界，讓他學習做自己不想做的事，是訓練的第一步。

零用錢

考反應

每個星期，媽媽會給你十元零用錢，你會怎樣運用？

a. 每個星期用光
來買自己喜歡的東西。

b. 儲蓄起來，以備不時之需。

c. 用一些，儲一些。

d. 用一些，把另一些用來幫助
有需要的人，如乞丐。

祕密留言

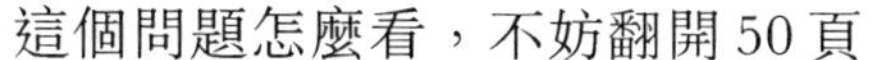

這個問題怎麼看，不妨翻開50頁。

齊嘩嘩

分分毫毫
可以積聚成百百千千
部分留下給自己
部分幫助別人
自己有益　別人也開心

給家長的便條

孩子是最有同情心的，成人也有，但往往會被那些「乞丐可能擁有幾幢樓揸手」的傳言粉碎。於是，我們容易忽視有需要幫助的人，直至孩子拉著我們的手，請我們給錢乞丐的剎那，自己那顆早已沈睡的同情心才醒過來。

吃東西的煩惱

考反應

糟！媽媽又在硬塞你吃你不喜歡吃的東西了，你會：

a. 告訴她我不想吃。

b. 吃一口，敷衍一下。

c. 問媽媽有沒有甚麼東西是她不愛吃的？

d. 知道媽媽是為你好，嘗試慢慢吃下去。希望有一天自己會喜歡。

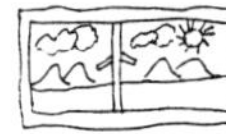

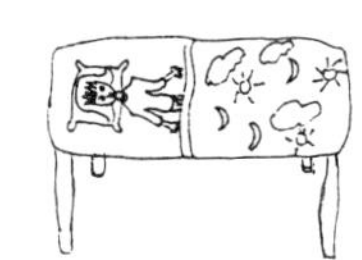

祕密留言

左右為難怎麼辦？翻開 50 頁。

齊嘩嘩

說不吃　就不吃
偶而一次無所謂
吃吃東　吃吃西
愈吃愈多好東西

給家長的便條

一人總有一兩樣東西是不愛吃的。這是與生俱來的喜惡，強逼不來。但這不吃，那又不吃，只吃自己愛吃的東西（如糖果）此惡習，卻可以循序漸進，慢慢學習改變的。但最重要的，是自己不偏食，不挑吃，否則，再強硬的政策也不管用。不瞞你說，我也是為著孩子的營養與健康，而訓練自己吃魚。小時不覺，長大才知道，若不吃其中一種肉類魚類，諸如此類，人生會少了很多「吃」趣。

學校生活

校園裏面，也是一個小小社會的寫照，每日遇見許多人物，都足以惹起歡笑、眼淚，發生許多事情，都足以啟發我們的思考應對與做人道理。

小強沒有朋友

考反應

小強很頑皮，班裏所有同學都不愛跟他玩，但他卻一直說要跟你做朋友。全班同學曾警告你，若跟小強做朋友，他們會跟你絕交，你會：

a. 怕得罪同學，所以避開小強。

b. 叫同學們別這麼小器，應讓小強一起加入玩。

c. 叫小強別那麼頑皮，並陪他與同學玩。

d. 表面說不跟小強玩（好讓同學接納），暗地裡（如放學後）才跟他玩。

祕密留言 

祕密留言有意見，快翻到 51 頁。

齊嘩嘩 

不論高矮肥瘦聰愚美醜
每個人都有一些我們值得學習的地方
每個人都可能　成為我們的好朋友。

給家長的便條 

加入小圈子與否，常是孩子最傷腦筋的問題。

一大班同學不理小強，可能是他太頑皮，也可能因他是新來的，與大伙兒格格不入。透過溝通，不妨出一些選擇題，如小強不受歡迎的原因：

a. 他很兇。　　b. 他常拿別人的東西。　　c. 他是新來的。

成人應誘導孩子說出其中原委，再對「題」下判斷，幫助孩子學習如何交一個「難交」的朋友。不過，小孩說「絕交」，有如說「早晨」般，通常只是說說而已，過一兩天又沒事的了。所以我曾笑小女，那只是「停交」，像球賽暫停一般，而不是「絕交」——表示以後不打球。

怎樣才算好媽媽？

考反應

班裏的小美告訴你，她媽媽很疼她，她要甚麼玩具媽媽都肯買，你會：

a. 回家立刻告訴媽媽，希望她也像小美媽媽一樣。

b. 反問小美，「你媽媽會不會跟你聊天、說故事呢？」

c. 把小美的故事告訴祖父、祖母、爸爸，看看他們有甚麼反應。

d. 啊，聽了算，不是甚麼大不了的。

祕密留言

「有傾有講」沒煩惱，看看51頁。

齊嘩嘩

我有一個好媽媽　我想每天見到她
愛我疼我陪著她　教我是非和對錯
我愛我的好媽媽　好想日日見到她

調寄《一閃一閃亮晶晶》("Twinkle Twinkle Little Star")

給家長的便條

孩子總以為，買東西給她就是疼愛她。到年齡漸大始明白，有了玩具，也要有爸爸媽媽陪伴，才會感受到親恩之甜、天倫之蜜。

最好的遊戲，是不需要用錢買玩具才擁有的，而是與孩子相處時開開玩笑，玩玩遊戲。換句話説，與爸爸媽媽一起，比跟那些毫無生氣的玩具玩還有趣。那麼，孩子還會費盡唇舌向你要求買玩具嗎？

選擇新朋友

考反應

如果要你選擇一個新朋友，你覺得甚麼最重要：

a. 他有很多玩具。

b. 他很漂亮、很聰明能幹、見識廣博。

c. 他很聽爸媽話。

d. 他對你很好，心地也好。

祕密留言

祕密留言有意見，快翻到51頁。

齊嘩嘩

一二三四五六七
我的朋友在哪裏
多少玩具
多少學識　不重要
對我好　心善良　乃最珍貴

給家長的便條

趁此機會，試試孩子的價值觀。試了解他在心目中怎樣塑造對他人的評價，然後嘗試諄諄善誘，從而改變他。當然，自己也得以身作則，讓他耳聞目見，自己所交的朋友，也是著重友情，而非著重錢財。

試題改錯了

考反應

老師剛派發試卷，你打開一看，發現老師改錯了其中一題，你會：

a. 拿回家給媽媽看，再決定怎樣做。

b. 立刻舉手告訴老師，
請她代為更正並加回倒扣的分數。

c. 為怕影響其他同學，
待下課後才找老師說明一切。

d. 不作聲，因為分數並不重要。

祕密留言

這個問題怎麼看，不妨翻開 52 頁。

齊嘩嘩

多一分不算多
少一分不算少
鼓起勇氣請老師改錯
誰敢說我年紀小

給家長的便條

在這些錯誤中取回的分數通常很少，但得到「多少分」並不是最重要的，倒是「為甚麼」要爭取分數、要求老師改錯更正，鼓勵孩子自小追求自己應得的權利，才是人生中不可或缺的。

七十分的眼淚

考反應

坐在你身旁的同學小燕突然哭起來，你細問之下，發覺她因測驗只拿到七十分，怕被媽媽責罵，所以哭起來。於是：

a. 你立刻告訴老師，請她安慰小燕。

b. 你勸她以後用功讀書，下次取得好成績，媽媽便不會責罵她的。

c. 告訴她若已盡力讀書，拿不拿到一百分也無所謂。

d. 把手帕遞給她拭淚，並聽她講出心中的恐懼。

祕密留言

左右為難怎麼辦？翻開 52 頁。

齊嗶嗶

一分耕耘　一分收穫
只要努力用功盡本分
偶有失手別怕受教訓

給家長的便條

考試是半努力半運氣的結果，孩子拿到一百分當然值得高興，但若他已盡了力，成績仍不理想，被逼得流出眼淚，那種「得不到最高分」的壓力可能甚於考試本身。孩子的眼淚，可是對父母過分苛求的提醒呢！

字體的麻煩

考反應

老師派回功課，身旁的同學小明一看，便笑你的字寫得好醜，你也看到他一手不大漂亮的字時，你會：

a. 以牙還牙，笑他的字其實也寫得不大好看呀！

b. 告訴他不要這樣笑人家，這是很沒禮貌的。

c. 不作聲，任由他批評。

d. 自此決心要把字寫得漂亮。

祕密留言

一人計短，二人計長，看看萱姨姨在 52 頁的留言。

齊嘩嘩

十隻手指有長短　字體有靚有不靚
只要識讀又識寫　別人取笑又如何

給家長的便條

每個孩子都有不同的潛能與專長，字體的整齊可以鍛練，字體的美醜卻是很主觀的。我們可能過於努力使孩子樣樣做到最好，以期望他得到別人的稱讚。孰知，能坦然接受別人的批評，不畏他人的取笑，才是成功之母。

好友要絕交

考反應

小強是你的好同學，但有一天，他突然跟你說，要與你絕交，你會：

a. 很難過，不知怎辦才好。

b. 算了，可以再交另一個新朋友。

c. 嘗試問他，找出他不睬你的原因。

d. 告訴他不要隨便跟朋友絕交，這是不應該的行為。

祕密留言

「有傾有講」沒煩惱，看看53頁。

齊嘩嘩

你對人好　別人自然對你好
你體諒人　別人也會體諒你
雖然不和　雖然生氣
但大家仍是要講道理

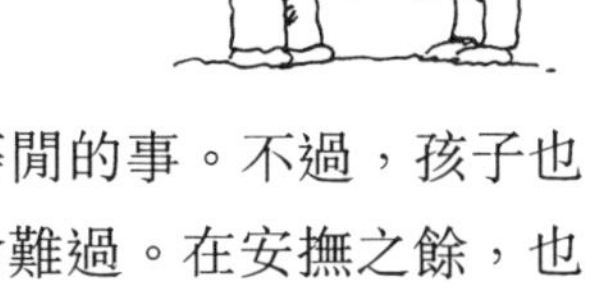

給家長的便條

孩子在求學時期，同學間常絕交又建交，是很等閒的事。不過，孩子也是很看重感情的，所以一段友情猝然地結束，他也會難過。在安撫之餘，也可讓他仔細品味吃喝玩樂以外的交友之道——坦白與體諒。

新同學風波

考反應

你班裏來了一位新同學，他坐在你旁邊，又頑皮，又不留心聽書，還常常在上課時逗你聊天，你會：

a. 告訴老師，要求換座位。

b. 告訴他上課時不要講話，因為你想專心聽書，下課後才跟他交談。

c. 請班長勸誡他。

d. 不理會他，他便自然不再搞你。

祕密留言

祕密留言有意見，快翻到53頁。

齊嗶嗶

只要伸出友誼之手
走在你前後　坐在你左右
都可以做你的好朋友

給家長的便條

我們生活周遭，常有些不討人喜歡的人，他們之所以有某些令人不快的舉動，可能是想吸引（或抗拒）別人。不過，很多時候，以真誠與關懷定能溶化他們冰冷的心。孩子也需要學習這功課。

好朋友變心

考反應

有一天，你的好朋友突然對別的小朋友十分熱情，又廣交其他朋友，你會：

a. 很不開心，覺得他會不睬你。

b. 多關心他，多跟他聊天，希望他不會忘記你。

c. 嘗試跟他想交的朋友做朋友。

d. 送他一份好大好貴的禮物，讓他知道你對他好。

祕密留言

「有傾有講」沒煩惱，看看 53 頁。

齊嘩嘩

朋友
一個嫌少　兩個不嫌多
三個笑呵呵　四個開心囉
五個多籮籮……
朋友　朋友　絕對不嫌多

給家長的便條

小孩子很渴望愛與被愛，對父母這樣期望，對友儕也是如此。一旦同輩間有些新成員，或好友對其他朋友「一視同仁」，都足以令他覺得安全感盡失，以為朋友就此離他而去。把握這個機會，叫他明白可反客為主，主動關心他人，自然不愁找不到朋友。不如利用這個機會，與他分享自己小時候在友情路上的跌碰經歷。

妙想天開

小學生，除了學校與家庭，最好有時間空間可以發揮天馬行空的想像力，人也變得精靈活潑起來，而且，透過假想的處境，培養思考的能力，多好！

變變變

考反應

有一天，小神仙來找你，説可以為你達成一個心願，就是你可選擇變成任何一種動物，你會選擇變成：

a. 森林中的獅子王。

b. 家中的小狗。

c. 海洋公園的海豚。

d. 變回小嬰孩。

祕密留言

呵！呵！呵！看看54頁。

齊嘩嘩

神仙棒一揮　法力便彰顯
我要變　變　變
愈變愈美妙　愈變愈可愛

給家長的便條

從孩子的選擇中，除了可追問他變成某種動物後的生活如何，還可窺探他內心世界的想望是怎樣的，尤其他想變回嬰孩時，可能表示他有些潛在的憂慮（如對初生弟妹的妒忌等）。

嘴巴長到腳板去

考反應

小神仙又來作弄你了，有天你發現自己的嘴巴忽地長到腳板底去，你會：

a. 學習用腳吃飯。

b. 立刻叫父母找整容醫生幫忙。

c. 看看同學有沒有類似情況發生，再作打算。

d. 找小神仙幫忙，請他把嘴搬回臉上。

祕密留言

祕密留言有意見，快翻到 54 頁。

齊嘩嘩

想想看　嘴巴長到腳上
怎吃飯　怎走路　怎刷牙
說不定是一個又好玩又不用花錢的遊戲

給家長的便條

仍記得某個晚上，在朋友家，他叫我們每人想出一個膠紙的不同用途（可行與不切實際均可），如紙牌遊戲接龍般玩下去，愈想愈多，愈想愈瘋狂。那夜，我們幾個大人，就如孩子般任自己的想像力如雲般飄浮，肆意聯想，樂不可支。可趁此機會讓孩子狂想一下？腳長到頭頂，耳朵長到膝蓋上……諸如此類。

突然停電了

考反應

有一晚，家裏突然停電，你會：

a. 找手電筒。

b. 把蠟燭拿出來。

c. 找大人來幫忙。

d. 到街上捉兩三隻貓兒回來。
因貓兒的眼睛會在夜晚發光。

祕密留言

這個問題怎麼看，不妨翻開 54 頁。

齊嘩嘩

停電停電　並不可怕
停一停　想一想
漆黑片片　光明漸見

給家長的便條

風不常打，電不常停，但讓孩子設身處地想想這些艱難歲月的困境，訓練他的臨危應變之餘，也可以啟導他以輕鬆心態面對日常生活的危機。

一覺醒來十八歲

考反應

一日，你一覺醒來，發現自己突然長大成人，變了個十八歲的大人，你會：

a. 高興得不得了，立刻到衣櫃拿爸／媽的衣服穿。

b. 不知如何是好，趕快找爸媽。

c. 到街上找個小神仙，請他幫你打回原形。

d. 找警察叔叔幫忙。

祕密留言

呵！呵！呵！看看 54 頁。

齊嘩嘩

看到我長大
大家別覺奇怪
只要動動腦筋
美夢可變真

給家長的便條

每個小孩都渴望長大。這個假設問題，讓他們的想像力奔馳，更是一個與他聊天的機會，以發掘他對成長的樂與懼。

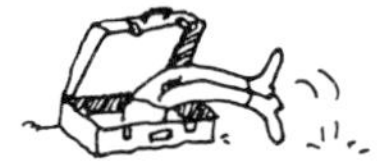

社會百態

對小學生來說，社會是陌生卻刺激的地方，當中或許有許多不能控制的、突發的事情，遇上了，不知怎辦好！

這裏提供了一些處境，讓小朋友和家長一起傾談，討論。

- 有一天**逛街**，你看到地上有一張**一百元大鈔**，你會……
- 在街上**迷了路**，怎辦？
- **陌生人**在街上拖你走，你會……
- **地鐵上**，遇上一個**跛腳拿拐杖**的人，你會……
- 在超級市場看到有人**偷東西**，你會……
- 有人**被車撞倒**，只有你和哥哥看到，你們會……
- 下雨了，看到有一個**老伯**被雨淋得全身濕透，你會……

現在，請家長和小朋友，一起談談，如果遇到下面的情況，怎辦？

- 有一日，你收到一個陌生人的電話，問你拿家裏住址，你會……
- 在家做功課的時候，你突然嗅到一股燒焦的味道，你會……
- 明天是假日，不用上課。你會怎樣利用今天的時間……
- 爸爸媽媽常問你「最愛爸或是愛媽」的問題，你會怎樣反應？
- 你正在生小明的氣，因他與其他小朋友玩，卻把你冷落一旁。你會怎樣？
- 你覺得爸爸媽媽太著緊你了，常在耳邊叫你不要吃太多糖，小心過馬路，不要玩火……你會怎樣讓爸媽知道你已懂得照顧自己？
- 有一日，你可以再選擇自己的兄弟姊妹，你會選哪位卡通人物？
- 班裏選了新班長，你本來很想當的，但結果老師沒選上你。你會……
- 你覺得爸爸媽媽總是好像對年幼的弟妹好些，覺得他們太偏心了，你會怎樣辦？

- 有一天，你真的長大了，要當別人的爸爸媽媽了，你會希望自己與兒女的關係怎樣？ （如老師與學生、父母與子女、朋友，諸如此類）
- 生日會上，有人送你一份禮物，卻是你不喜歡的，你會怎樣反應？
- 頑皮的弟弟正要拋垃圾落街，你會……
- 你明明沒有上課時說話，卻被老師冤枉，你會……

嘩，這麼好玩，你一定已經蠢蠢欲試了，開始行動，跟小朋友一起玩，考考父母與哥哥姊姊吧……

祕密留言 • 做不完的功課

a. 你若忘了將時鐘撥回正常，第二天上學可會遲到呢！
b. 你猜媽媽會否相信？
c. 別那麼小看自己。
d. 早一點完成，可以早一點去玩嘛！

祕密留言 • 媽媽，別罵我！

a. 這麼乖，可以再久一點嗎？這證明你可以又乖又聽話呢！
b. 也可以，但小心扯破嗓門，變「豆沙喉」啊！
c. 媽媽一定甜在心裏呢！但與爸爸商量合作，效果一定更佳！
d. 沈默是個好方法。

祕密留言 • 玩具給不給？

a. 但有一天他連你最最心愛的玩具也想拿走，怎辦？
b. 把媽媽推出來，他可能會怕怕。
c. 很好，知道東西是屬於自己的，有權利給與不給。
d. 你真的很大方，又肯與他分享，又讓他知道自己也有向父母要求的權利。

祕密留言 • 做還是不做？

a. 嘩！推出「公公婆婆」來，爸媽可能無計可施，但也會很傷心，因你不先知會他們一聲。
b. 很有主見，但也得聽聽父母意見。
c. 你的爸媽有一個這麼聽話的孩子，一定十分感動。
d. 稍為計較了點，如果無獎品呢？

祕密留言 • 零用錢

a. 每次用的時候，先想想，我真的有必要這樣用嗎？還是可以留起來。
b. 有沒有想過給媽媽儲起，還是給銀行？
c. 聽起來，很像大人的理財之道。
d. 你心地真好，值得鼓勵。

祕密留言 • 吃東西的煩惱

a. 真有主見！
b. 吃得勉強的話，媽媽遲早會知道的。

c. 嘩，反客為主！媽媽可能會不知怎回答呢。
d. 甚麼東西都試吃，將來到任何地方生活，都不會怕餓死了。

祕密留言・小強沒有朋友

a. 同學也許只是講講，不會真的做呢！
b. 你當起小老師來了，看看有何方法令同學聽你的。
c. 希望小強會聽話啦！
d. 你的同學也很精明，會遲早發現你口不對心的。

祕密留言・怎樣才算好媽媽？

a. 你要甚麼媽媽都買給你的話，你的房間可能不夠地方呢。
b. 既然這樣問，你覺得媽媽買東西給你好，還是多些陪你好？
c. 唔，你的主意真多！
d. 對啊，也不是甚麼了不起的，每個媽媽對自己的孩子都有不同的疼愛方式啦！

祕密留言・選擇新朋友

a. 那要他肯跟你分享才行。
b. 請留意！朋友不是補習老師。
c. 很好，但對你呢？
d. 你在難過的時候，他必會走來安慰你。

祕密留言 • 試題改錯了

a. 你的主意不錯，但若老師不許你把試卷帶回家呢？
b. 你好勇敢啊！懂得為自己爭取分數。
c. 你真的很細心，懂得為同學著想呢！
d. 不錯，分數並不是最重要的，但也要努力爭取呢！

祕密留言 • 七十分的眼淚

a. 老師可能太忙，趕著教書，沒時間理會小燕呢！
b. 但這次小燕真的只拿七十分，所以她仍很怕呢，再看看有否別的方法。
c. 這個想法很好，凡事盡了力，便應問心無愧。
d. 你真是很懂得照顧人啊，你也會是小燕的好朋友。

祕密留言 • 字體的麻煩

a. 你再取笑他，小心他又再伺機找話柄取笑你呢！
b. 有勇氣直斥其非，才是他的真正朋友。
c. 甚麼事都藏在心底，好難受呢！
d. 這種決心很好，但每次被人取笑，就要把那件事做到最好，你豈非會很忙碌？

祕密留言 • 好友要絕交

a. 真的，無故被人冤枉是很慘的。
b. 也許小強也只是一時之氣，你不睬他，他會很難受呢。
c. 耐心地問他，可能他會對你說出心底話的。
d. 小強對你生氣，可能有他的理由，不是應該不應該的問題。

祕密留言 • 新同學風波

a. 老師安排你坐在他旁邊，說不定是想你幫他呢，而且小朋友的事最好還是自己想辦法和解，毋須常常出動老師。
b. 你若以身作則，他也可能被你感化而改變。
c. 班長會記他名，他豈不是很慘！
d. 他的行為可能是想吸引你，想與你做朋友呢。

祕密留言 • 好朋友變心

a. 你只是一味在猜，有沒有問過他？
b. 唔，他一定知道你很珍惜他的。
c. 這樣，你的朋友便會愈來愈多呢！
d. 嘩，出手這麼重，他可能很感動，但他若想要一份更大更貴重的禮物呢……

祕密留言 • 變變變

a. 你一定很威猛的了！
b. 你喜歡吃哪一種狗糧？
c. 要很聽話才可以做表演的啊！
d. 每日的生活就只有吃奶、換尿片，豈非很悶！

祕密留言 • 一覺醒來十八歲

a. 恭喜你，終於夢想成真！
b. 爸爸媽媽一定會幫你的。
c. 唔，該找哪個小神仙才好？「飛天少女豬事丁」、「五星戰隊」、「小飛俠」……
d. 警察叔叔可能被你嚇一跳。

祕密留言 • 嘴巴長到腳板去

a. 你真能隨機應變！
b. 整容醫生收費很貴的啊！
c. 好，找你最要好的，看他有甚麼反應。
d. 快告訴我，怎樣可以找到小神仙？

祕密留言 • 突然停電了

a. 十分保險的做法，不過黑漆漆，怎去找？
b. 想玩火！小心火警！
c. 大人通常是有辦法的。
d. 想不到，你竟找到一個養貓的最佳藉口。

畫家名錄

鳴謝喜蓮畫室如下小畫家

廖倩婷	陳凱屏	Yep Chun Him
吳苑姬	葉皓羚	沈天恩
盧頌恩	陳瑄	姚柏賢
譚雅文	溫慧妍	Simon Leafe
陳謙信		

推介書目

兒童書系

馬虎兄弟　小麥子著　小馬、小虎圖
大30 開　80頁　1995年9月初版

童畫祕笈　張雅燕著　鄧美心圖
大30開　128頁(彩色)　1996年1月初版

神奇大樓之
夜裏誰在叫？　黃慶雲著　王曉明圖
大30開　64頁(彩色)　1997年4月初版

神奇大樓之
彩虹孩子　黃慶雲著　王曉明圖
大30開　64頁(彩色)　1998年4月初版

初小語文系列

啟啟上小學　胡燕青著　王曉明圖
大30開　64頁(彩色)　2002年8月二版

啟啟的腳趾有話説
胡燕青著　王曉明圖
大30開　64頁(彩色)　2002年8月二版

啟啟怕不怕考試？
胡燕青著　王曉明圖
大30開　48頁(彩色)　1998年3月初版

你就是二年級的啟啟嗎？
胡燕青著　王曉明圖
大30開　64頁(彩色)　1998年7月初版